La historia de

los sistemas numéricos

Valor posicional

Gabriel Esmay

Asesoras

Michele Ogden, Ed.D
Directora, Irvine Unified School District

Jennifer Robertson, M.A.Ed.
Maestra, Huntington Beach City School District

Créditos de publicación

Rachelle Cracchiolo, M.S.Ed., *Editora comercial*
Conni Medina, M.A.Ed., *Gerente editorial*
Dona Herweck Rice, *Realizadora de la serie*
Emily R. Smith, M.A.Ed., *Realizadora de la serie*
Diana Kenney, M.A.Ed., NBCT, *Directora de contenido*
Stacy Monsman, M.A., *Editora*
Kevin Panter, *Diseñador gráfico*

Créditos de imágenes: pág. 4 CM Dixon/Print Collector/Getty Images; pág. 5 DeAgostini/Getty Images; pág. 8 DEA Picture Library/ De Agostini/Getty Images; pág. 11 Mary Evans Picture Library/ Alamy Stock Photo; págs. 12–13 Dorling Kindersley/Getty Images; pág. 18 Peter Hermes Furian/Alamy Stock Photo; pág. 21 Lanmas/ Alamy Stock Photo; pág. 22 North Wind Picture Archives; pág. 25 Sheila Terry/Science Source; contraportada Kumar Sriskandan/Alamy Stock Photo; todas las demás imágenes de iStock y/o Shutterstock.

Teacher Created Materials

5301 Oceanus Drive
Huntington Beach, CA 92649-1030
http://www.tcmpub.com

ISBN 978-1-4258-2878-3

© 2018 Teacher Created Materials, Inc.
Made in China
Nordica.102017.CA21701218

Contenido

Eterna necesidad

Desde el momento en el que los humanos pisaron la tierra, les fue necesario usar números. Los agricultores cuentan **cultivos** y animales. Las personas cuentan el tiempo. Los comerciantes cuentan bienes. Los constructores miden estructuras. Así que las personas del pasado crearon los **sistemas numéricos**.

Las primeras culturas eran muy creativas. Las personas usaban imágenes, letras, nudos, puntos y barras. Estos símbolos representaban números. Los tallaban en piedra y arcilla. Los escribían en las primeras versiones del papel. Hasta los ataban en alguna cuerda. Puede ser que estos sistemas numéricos **antiguos** no se parezcan a los sistemas numéricos modernos. Pero mira con atención. ¡Quizá veas algunas cosas que reconozcas!

Problemas de geometría tallados en una tablilla de arcilla de Babilonia.

Escribas egipcios cuentan vasijas durante la cosecha de uvas.

Egipto

La Gran Pirámide ha estado en Egipto por más de cuatro mil años. Fue hecha con más de dos millones de grandes bloques de piedra. Es la única maravilla del mundo antiguo que queda en pie. Por supuesto, no se usaron herramientas modernas. Pero a los constructores no les faltó ayuda. Contaban con las matemáticas y con los sistemas numéricos.

La Gran Pirámide de Guiza

Egipto

6

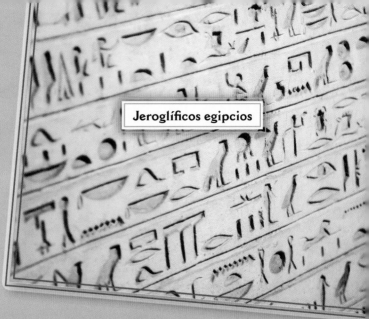

Los símbolos egipcios no se parecen a los números actuales. Eran **jeroglíficos**, o imágenes, que se tallaban en piedra. Representaban palabras o números.

Al igual que en la actualidad, el 10 era un número clave. Se tallaban jeroglíficos varias veces para representar números más grandes. Para representar el número 30, el jeroglífico 10 se tallaba tres veces. Si se necesitaban 10 jeroglíficos, se usaba un jeroglífico diferente. De este modo, no tardaban tanto para tallar el número.

EXPLOREMOS LAS MATEMÁTICAS

La Gran Pirámide de Guiza tenía originalmente 481 pies de altura. Algunas partes de la pirámide se han desgastado con el tiempo. Ahora tiene alrededor de 455 pies de altura. ¿Cómo podrías usar el valor posicional para indicar que 455 pies es menos que 481 pies?

El papiro de Rhind

Después, los egipcios comenzaron a escribir en **papiro**. Era una forma primitiva de papel hecho con plantas. Con el tiempo, cambió la apariencia de algunos jeroglíficos. Y se agregaron más jeroglíficos. El sistema no usaba el **valor posicional**. Por eso los símbolos se podían escribir en cualquier orden. Sin embargo, los egipcios usaban los símbolos para hacer cuentas. Podían sumar y restar. Hasta podían multiplicar y dividir.

Los egipcios también podían escribir problemas matemáticos. Escribieron el papiro de Rhind alrededor de 1550 a. C. Era un texto matemático muy primitivo. Muchos de los problemas del texto son sobre triángulos. Otros preguntan cuántas hogazas de pan pueden hornearse. Algunos piden hallar cuántos ladrillos se deberían usar para construir una rampa. Estos problemas ayudaban a los egipcios en la vida diaria. Pero había una cosa que no se hallaba en el papiro: ¡el cero! Los egipcios no tenían un símbolo para el cero.

EXPLOREMOS LAS MATEMÁTICAS

El papiro de Rhind tiene 84 problemas matemáticos. Usa la recta numérica para responder las preguntas.

1. ¿Entre qué dos decenas cae el número 84?

2. ¿A qué decena se acerca más el 84?

84

Babilonia

Alrededor del año 2000 a. C. surgía una gran ciudad. Babilonia era famosa por su tamaño, belleza, poder y riqueza. Se dice que tenía hermosos jardines colgantes. Pero hasta ahora nadie ha encontrado esos jardines. Lo que sí se ha encontrado es el sistema numérico de Babilonia.

El sistema numérico se basaba en grupos de 60. Los expertos en historia tienen algunas teorías sobre por qué eligieron el número 60. Pero nadie lo sabe con certeza.

Los símbolos numéricos tenían forma de cuña llamados **cuneiformes**. Los tallaban en tablillas de arcilla húmeda con un **estilo**. No era fácil trabajar con arcilla húmeda, y no se podían dibujar líneas curvas en ninguno de los símbolos. Luego se dejaba secar la tablilla al sol. Todavía existen muchas de estas tablillas.

Irak

La antigua ciudad de Babilonia estaba al sudoeste de la actual Bagdad en Irak.

Cuneiforme

Jardines colgantes de Babilonia

Se han escrito muchas leyendas acerca de los jardines colgantes de Babilonia.

1. Si los jardines existieron realmente, se habrían construido alrededor del año 605 a. C. ¿A qué centena se redondea este año?

2. El sacerdote babilonio Beroso escribió sobre los jardines alrededor del año 280 a. C. ¿A qué centena se redondea este año?

El sistema numérico de Babilonia solo usaba dos símbolos. Pero aún así se podían formar algunos números. Como en Egipto, se tallaban símbolos para escribir números, y todavía no había un símbolo para el cero. Sin embargo, existía una gran diferencia entre los dos sistemas. El orden de los símbolos en el sistema de Babilonia era muy importante.

Para controlar el orden, se colocaban los símbolos en columnas. Esto indicaba el valor del símbolo. Fue la primera vez que se usó el valor posicional. Esto cambió la manera en que las personas veían los números. El sistema numérico moderno se basa en grupos de 10, no de 60. Pero aún usa el valor posicional. ¡Podemos agradecerle a Babilonia por eso!

Ilustración de Babilonia

𒁹 1	𒌋𒁹 11	𒎙𒁹 21	𒌍𒁹 31	𒐏𒁹 41	𒐐𒁹 51
𒈫 2	𒌋𒈫 12	𒎙𒈫 22	𒌍𒈫 32	𒐏𒈫 42	𒐐𒈫 52
𒐈 3	𒌋𒐈 13	𒎙𒐈 23	𒌍𒐈 33	𒐏𒐈 43	𒐐𒐈 53
𒐉 4	𒌋𒐉 14	𒎙𒐉 24	𒌍𒐉 34	𒐏𒐉 44	𒐐𒐉 54
𒐊 5	𒌋𒐊 15	𒎙𒐊 25	𒌍𒐊 35	𒐏𒐊 45	𒐐𒐊 55
𒐋 6	𒌋𒐋 16	𒎙𒐋 26	𒌍𒐋 36	𒐏𒐋 46	𒐐𒐋 56
𒐌 7	𒌋𒐌 17	𒎙𒐌 27	𒌍𒐌 37	𒐏𒐌 47	𒐐𒐌 57
𒐍 8	𒌋𒐍 18	𒎙𒐍 28	𒌍𒐍 38	𒐏𒐍 48	𒐐𒐍 58
𒐎 9	𒌋𒐎 19	𒎙𒐎 29	𒌍𒐎 39	𒐏𒐎 49	𒐐𒐎 59
𒌋 10	𒎙 20	𒌍 30	𒐏 40	𒐐 50	

Sistema numérico babilónico

13

El Imperio romano

El Imperio romano

¿Alguna vez has visto relojes con letras en lugar de números? ¿O alguna vez has notado que había letras luego del nombre de un acontecimiento? Todo indica que viste números romanos.

El Imperio romano es célebre por su tamaño y poder. Los romanos eran los líderes del comercio. Sabían que debían llevar el control de sus productos. Así que hicieron un sistema para escribir números alrededor del año 850 a. C. Se convertiría en el sistema principal de Europa por casi dos mil años.

Los romanos usaban siete **dígitos**. Los dígitos parecían letras. Y se escribían de izquierda a derecha. Según el orden, sumaban o restaban los valores de las letras.

Los números romanos todavía se usan actualmente. Pero no hay ningún símbolo para el cero. Y no existe una manera fácil de escribir números grandes. Por eso, otros sistemas se han usado más ampliamente.

Números romanos en un reloj

Ruinas del Coliseo romano

Anfiteatro de Pula

EXPLOREMOS LAS MATEMÁTICAS

El Imperio romano también era conocido por el Coliseo, un enorme anfiteatro al aire libre. El anfiteatro de Pula en Croacia fue construido en el siglo I, aproximadamente al mismo tiempo que el Coliseo.

1. En la antigüedad, el Coliseo podía albergar a alrededor de 50,000 espectadores. El anfiteatro de Pula podía recibir a unas 20,000 personas. Usa el valor posicional para demostrar cuál de los dos albergaba a más personas.

2. Las ruinas del Coliseo todavía se encuentran en Roma, pero ya no se usa para grandes eventos. El anfiteatro de Pula todavía está en uso actualmente. Pero solo alberga a 5,000 personas. Usa el valor posicional para demostrar que el Coliseo albergaba a más personas cuando fue construido de las que puede recibir el anfiteatro de Pula actualmente.

15

El continente americano

No todos los sistemas numéricos tuvieron su origen en Europa o Asia. Los pueblos del continente americano también tenían sus propios sistemas.

El Imperio maya

Los mayas de América del Norte y América Central eran numerosos. El apogeo de su cultura fue entre el 250 d. C. y 900 d. C. Pero los pobladores se mudaron a esa zona por primera vez hace cuatro mil años.

La pirámide de Kukulkán fue construida por los mayas alrededor del año 1000 d. C.

El Imperio maya

Los mayas eran conocidos por ser un pueblo avanzado. Las matemáticas eran vitales para ellos. Algunas de sus obras de arte muestran a personas con rollos que contienen números. Los mayas construyeron grandes estructuras. Estudiaban el cielo y las estrellas. Hasta construyeron una rueda que contaba los días y los años. También compraban, vendían y comerciaban productos. Por eso necesitaban un sistema numérico. Tenían la necesidad de escribir y usar los números en la vida diaria.

Calendario maya

Sistema numérico maya

0							
1	2	3	4	5	6	7	8
9	10	11	12	13	14	15	16

El sistema numérico maya se basaba en grupos de 20. Los expertos creen que los mayas usaron el 20 porque era hasta donde podían contar con los dedos de las manos y los pies. Sea cual fuere la razón, solo había tres símbolos en el sistema maya. Un punto representaba el uno. Una barra representaba el cinco. Y un símbolo con forma de valva representaba el cero. ¡Esto sí que era importante! Los mayas fueron los primeros en entender el concepto del cero. También sabían lo importante que era que el cero tuviera un símbolo. Esto facilita la escritura de números más grandes. ¡Finalmente el cero tenía un lugar en el sistema de valor posicional! Con cero o sin cero, los números mayas se leen de abajo hacia arriba. Los símbolos se van apilando uno encima del otro. Cada nivel tiene un determinado valor posicional.

Templo del Gran Jaguar

EXPLOREMOS LAS MATEMÁTICAS

Muchas de las grandes estructuras construidas por los mayas se usaban para ceremonias religiosas. Algunas ruinas todavía permanecen en pie. A continuación están las alturas aproximadas de estas estructuras mayas. Escribe las alturas en orden de menor a mayor:

Nohoch Mul: 42 m
Pirámide de Kukulkán: 30 m
La Danta: 70 m
Templo del Gran Jaguar: 47 m

Nohoch Mul

El Imperio inca

El Imperio inca llegó al poder en América del Sur alrededor del año 1450 d. C. ¡El imperio era enorme! Cubría 300,000 millas cuadradas (780,000 kilómetros cuadrados) de superficie. Y en su apogeo, la población llegó a ser de alrededor de 12 millones de personas.

En el Imperio inca se hablaban 20 idiomas. Pero no tenían un lenguaje escrito. Eso significaba que no podían escribir números. Pero, aun así, tenían que encontrar la manera de hacer cuentas.

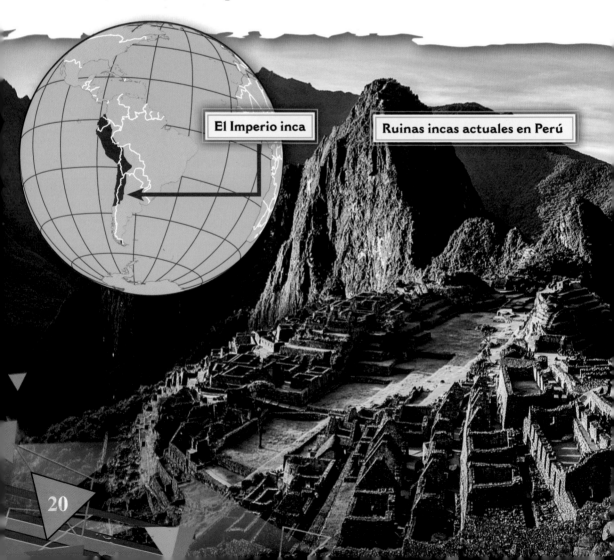

El Imperio inca

Ruinas incas actuales en Perú

Por eso los incas ataban nudos en cuerdas. El grupo de cuerdas anudadas se llamaba **quipu**. Era una manera de registrar los números sin escribirlos. No los ayudaba a resolver problemas matemáticos. Pero, de cualquier manera, era muy importante para los incas. De hecho, existía un trabajo llamado "responsable de los quipu". Quienes tenían esta labor trabajaban para el rey.

Quipu

El sistema de los quipu se basaba en grupos de 10. Y se usaba el concepto del valor posicional. Para registrar un número mayor se ataban más nudos. Los incas no tenían un símbolo o un nudo especial para el cero. Pero sí dejaban espacios en blanco en los lugares donde iba el cero.

Había muchas cosas que se debían tener en cuenta al usar un quipu. Primero, los incas debían saber cómo leer los números en los nudos. Segundo, solo se mostraba un número en cada cuerda. Un quipu podía tener muchas cuerdas. Así que debían saber qué representaba cada número. Como ayuda, se usaban cuerdas de diferentes colores. Los colores tenían diferentes significados. Determinados colores representaban la cantidad de animales, como vacas u ovejas. Otros colores eran símbolos de guerra. Otros, símbolos de paz.

Un maestro enseña el uso del quipu a los alumnos.

Quipu

23

Comienzos de lo moderno

El sistema numérico moderno es posible gracias a nada. Bueno, es posible gracias al concepto y al símbolo de la nada: el cero. Usa el valor posicional. Y el cero puede usarse para mostrar una posición sin valor.

Este sistema se creó en la India alrededor del año 650 d. C. Pero fueron los árabes quienes primero lo introdujeron en Europa. Antes de eso, las personas contaban con los dedos de las manos y los pies. Y usaban letras como si fueran números.

India

India actualmente

El sistema indoarábigo cambió todo esto. Se basa en grupos de 10. Los dígitos van del 0 al 9, como los dígitos que se usan en la actualidad. Pero no se veían igual en ese entonces. Los símbolos eran más **intrincados**. Tomaba más tiempo escribirlos. Con el tiempo se simplificaron para acelerar la escritura. También eran más fáciles de usar de otras maneras. Al usar dígitos y grupos de 10, todos los números, grandes o pequeños, pueden escribirse más rápido. Pronto, las personas vieron cuán útil podía ser este sistema.

Las cifras arábigas

Europeo		Gubar	Indio		
Siglo XIV	Siglo XII	Aráb.	Siglo X	Siglo V	Siglo I

Esta tabla muestra la evolución de los números escritos desde el siglo I al siglo XIV.

El futuro de los sistemas numéricos

Los pueblos antiguos necesitaban expresar los números. Por eso crearon símbolos que los representaran. Les debemos mucho a las personas del pasado. El valor posicional, los símbolos y el cero sentaron las bases de cómo usamos los números hoy. Y los sistemas numéricos todavía están cambiando.

Las computadoras usan un sistema numérico basado en grupos de 2, no de 10. El sistema **binario** solo posee dos dígitos: 0 y 1. Las computadoras lo usan para almacenar datos y solucionar problemas. De modo que, sin importar lo que escriba el usuario, las computadoras cambian todo a ceros y unos.

Los sistemas numéricos ya han cambiado. ¿Volverán a cambiar? Muchas personas creen ahora que deberíamos usar grupos de 12, no de 10. Pero una cosa es cierta. Sin importar cómo se escriban o expresen los números, siempre los necesitaremos.

⚙️ Resolución de problemas

En un lugar cerca de Guiza, Egipto, hay tres enormes pirámides que llevan los nombres de los reyes Jufu, Jafra y Menkaura. Junto con las pirámides, hay una estructura, la Gran Esfinge, que posee cuerpo de león y cabeza de humano.

Hasta el día de hoy, algunas de las estructuras de Guiza han perdido parte de su altura debido a la **erosión**. Usa la información de la tabla para comparar las alturas actuales de estas famosas estructuras.

1. Usa > o < para comparar la altura:

   a. pirámide de Jufu _____ pirámide de Jafra

   b. pirámide de Menkaura _____ pirámide de Jafra

   c. pirámide de Menkaura _____ Gran Esfinge

2. Escribe las alturas de las estructuras en orden de mayor a menor.

3. ¿Cuál es la altura de cada estructura redondeada a la decena más cercana?

4. ¿Cuál es la altura de cada estructura redondeada a la centena más cercana?

5. ¿Qué grupo de alturas redondeadas da un estimado más preciso? ¿Por qué crees que es así?

Estructura	Altura
Gran Esfinge	66 ft
pirámide de Jafra	448 ft
pirámide de Jufu (la Gran Pirámide)	455 ft
pirámide de Menkaura	215 ft

Glosario

antiguos: que pertenecen a un tiempo muy anterior

binario: que se relaciona con dos partes

cultivos: plantas aprovechadas por los agricultores

cuneiformes: sistemas de escritura que tienen formas individuales hechas de cuñas

dígitos: símbolos escritos de los números

erosión: el desgaste de rocas y sedimento por acción del clima

estilo: una herramienta que se usaba para escribir en tablillas de arcilla

intrincados: que tienen muchas partes o pasos complejos

jeroglíficos: caracteres escritos que parecen dibujos

papiro: una planta alta que crece en Egipto y que puede ser usada para hacer papel

quipu: un antiguo método incaico de registro de información mediante la atadura de nudos en cuerdas de diferentes colores

sistemas numéricos: métodos para expresar números

valor posicional: el valor asignado a un dígito según su posición en un número

30

Índice

Soluciones

Exploremos las matemáticas

página 7:

Cada altura tiene 4 centenas. Pero, 5 decenas es menos que 8 decenas. Por lo que 455 ft tiene que ser menos que 481 ft.

página 9:

1. Entre 8 decenas y 9 decenas, u 80 y 90

2. 8 decenas, u 80

página 11:

1. 600 a. C.

2. 300 a. C.

página 15:

1. El Coliseo albergaba 5 decenas de millar y el anfiteatro de Pula albergaba 2 decenas de millar. Entonces, el Coliseo albergaba a más personas.

2. El Coliseo albergaba 5 decenas de millar. El anfiteatro de Pula ahora alberga solo 5 unidades de millar.

página 19:

30 m, 42 m, 47 m, 70 m

Resolución de problemas

1. a. >
   b. <
   c. >

2. 455 ft; 448 ft; 215 ft; 66 ft

3. 70 ft; 450 ft; 460 ft; 220 ft

4. 100 ft; 400 ft.; 500 ft; 200 ft

5. El grupo que se ha redondeado a la decena más cercana es el que da un estimado más preciso. Al redondear el estimado a la centena más cercana, los estimados se alejan del número real.